Pflichten des Geschäftsführers einer GmbH in einer Krise

Bibliografische Information der Deutschen Nationalbibliothek:

Die Deutsche Nationalbibliothek verzeichnet diese Publikation in der Deutschen Nationalbibliografie; detaillierte bibliografische Daten sind im Internet über http://dnb.d-nb.de abrufbar.

ISBN: 9783389025857
Dieses Buch ist auch als E-Book erhältlich.

© GRIN Publishing GmbH
Trappentreustraße 1
80339 München

Druck und Bindung: Books on Demand GmbH, Norderstedt Germany
Gedruckt auf säurefreiem Papier aus verantwortungsvollen Quellen

Das vorliegende Werk wurde sorgfältig erarbeitet. Dennoch übernehmen Autoren und Verlag für die Richtigkeit von Angaben, Hinweisen, Links und Ratschlägen sowie eventuelle Druckfehler keine Haftung.

Das Buch bei GRIN: https://www.grin.com/document/1472051

FOM Hochschule für Oekonomie & Management

Hochschulzentrum München

Berufsbegleitender Studiengang zum

Steuerrecht

3. Semester

Seminararbeit in Gesellschafts- und Insolvenzrecht

Pflichten des Geschäftsführers einer GmbH in einer Krise

Abgabedatum: 26.01.2024

Inhaltsverzeichnis

I. Einleitung

In Zeiten von der Corona-Pandemie und steigenden Energiekosten geraten immer mehr Unternehmen in eine Krise, darunter auch bekannte Unternehmen wie Galeria Karstadt Kaufhof GmbH oder Ludwig Görtz GmbH.[1] Laut aktuellen Zahlen des Statistischen Bundesamt haben im dritten Quartal 2023 4699 Unternehmen einen Insolvenzantrag gestellt. Das sind rund 33 % mehr gegenüber dem gleichen Zeitraum im Vorjahr.[2]

1.1. Hintergrund und Bedeutung

„Das Wort Krise setzt sich im Chinesischen aus 2 Schriftzeichen zusammen – das eine bedeutet Gefahr und das andere Gelegenheit" - *John F. Kennedy*. So bringt eine Krise viele Gefahren mit sich, die vor allem für Geschäftsführer Risiken darstellen. Sie müssen nämlich unzähligen Pflichten nachkommen, die bei einer Nichterfüllung zu hohen Haftungsrisiken führen und in einem persönlichen Schadensersatz enden können.[3] Wie der Fall Schlecker zeigt, kann eine Nichteinhaltung der Pflichten schwerwiegende Folgen haben. Nach dem Urteil des Landgerichts Stuttgart müssen die beiden Kinder von Anton Schlecker, wegen Untreue, vorsätzlichen Bankrotts und vorsätzlicher Insolvenzverschleppung eine Haftstrafe von 2 Jahren und 7 Monaten antreten.[4] Vor allem die Geschäftsführer einer GmbH sind in der Krise besonders anfällig für Straftaten, da ihnen auch schon vor Eintritt der Insolvenz viele Pflichten aufgebürdet werden. Die Folgen können nicht nur in strafrechtlicher Verurteilung bestehen, sondern auch außerstrafrechtliche Folgen haben, wie der Ausschluss der Amtsfähigkeit des Geschäftsführers wegen vorsätzlich begangener Straftaten nach § 6 Abs. 2 Nr. 3 GmbH oder eine Untersagung der Berufsausübung nach § 96 StBerG.[5]

1.2. Vorgehensweise

Im Folgenden soll zu Beginn darauf eingegangen werden, wann man von einer Unternehmenskrise spricht und wie diese durch Krisenfrüherkennung und Krisenmanagement gemeistert werden kann. Im Mittelpunkt der Arbeit stehen die Pflichten des GmbH-

---

[1] WirtschaftsWoche, die größten Firmenpleiten, 2023.
[2] Statistisches Bundesamt (Destatis), Insolvenzen nach Monaten, 2023.
[3] Freund, NZG 2021, 579 (579).
[4] F.A.Z., 2019, Nr. 97, 22 (22).
[5] Bauer, Die GmbH in der Krise, § 7 Rn. 905-909.

Geschäftsführers und worin die Haftungsrisiken bestehen. Abschließend soll das Problemfeld nochmal zusammengefasst und mögliche Gegenmaßnahmen aufgezeigt werden.

II. Die Unternehmenskrise

2.1. Definition und Arten der Unternehmenskrise

„Krise" stammt von dem altgriechischen Wort „Crisis" ab, das im antiken Drama die kritische Zuspitzung einer Handlungssituation beschreibt.[6] Die Unternehmenskrise lässt sich in drei verschiedene Arten differenzieren. Und zwar in die „Betriebswirtschaftliche Krise", die „rechtliche Krise" und die „insolvenzrechtliche Krise". Im betriebswirtschaftlichen Sinne ist die Krise ein Zustand des Unternehmens, in dem sich das Aufrechterhalten der grundlegenden Standards und Ideale als schwierig erweist und somit das Bestehen des Unternehmens gefährdet ist. Hier gliedert man in unterschiedliche Abschnitte, es beginnt mit der Stakeholder Krise, dann folgt die Strategie-, Produkt-, Absatz-, und Erfolgskrise und endet mit der Liquidationskrise, die in den meisten Fällen in die Insolvenz übergeht.[7] Dahingegen beschreibt das OLG Karlsruhe die rechtliche Krise, „wenn die Gesellschaft kreditunwürdig ist, d.h. wenn sie von dritter Seite keinen Kredit zu marktüblichen Bedingungen erhält und die Gesellschaft ohne Kapitalzufuhr liquidiert werden müsste".[8] Von einer insolvenzrechtlichen Krise spricht man erst, wenn die Insolvenz tatsächlich begründet ist, d.h. wenn eine drohende Zahlungsunfähigkeit, Zahlungsunfähigkeit oder Überschuldung vorliegt.[9]

2.2. Ursachen von Krisensituationen in einer GmbH

Krisenursachen können endogenen oder exogenen Ursprungs sein. Meistens führt die Kombination dieser beiden Ursachen zu der Krisensituation. So versteht man unter endogenen Ursachen, die Probleme, die intern begründet sind und Fehler in folgenden Bereichen aufweisen: Führung, Organisation, Absatz, Produktion, Beschaffung und Logistik, Personalwesen, Forschung und Entwicklung, Planungs- und Kontrollsystem oder nicht ausreichendes Eigenkapital. Exogene Ursachen entwickeln sich durch äußere Einflüsse, auf die man keine Auswirkung hat wie Naturkatastrophen, Veränderungen im Kaufverhalten, Konjunkturschwankungen oder Rohstoffverknappung. Hier entsteht die

---

[6] Schluck-Amend, in: Römermann, Münchener Anwaltshandbuch, § 23 Rn. 2.
[7] Steffan, in: Oppenländer/Trölitzsch, GmbH-Geschäftsführer-Handbuch, § 37 Rn. 1-5.
[8] Haas, DStR 2000, 1529 (1529).
[9] Rieser, in: Prinz/Winkeljohann, Beck'sches Handbuch der GmbH, § 17 Rn. 5.

Krise aber erst dann, wenn das Unternehmen nicht darauf reagiert und keine Maßnahmen ergreift. Die Erkennung der Krisenursachen ist von hoher Relevanz, um eine Sanierung des Unternehmens durchführen zu können, die auf lange Sicht Erfolg hat.[10]

III. Krisenfrüherkennung und Krisenmanagement

3.1. Pflicht zum Erkennen der Krise

Mit in Kraft treten des Unternehmensstabilisierung- und restrukturierungsgesetz zum 01.01.2021 ist der Geschäftsführer von haftungsbeschränkten Unternehmen zur Krisenfrüherkennung und zum Krisenmanagement verpflichtet. So sollen schon vor der Entstehung der Krise, die Risiken erkannt und dagegen vorgegangen werden, um eine Insolvenz verhindern zu können.[11] Da die Pflicht in § 91 Abs. 2 AktG zur Einrichtung eines Überwachungssystems auch Wirkung auf die GmbH hat, muss auch die GmbH ein Krisenfrühwarnsystem gemäß den Bestimmungen des IDW PS 340 erfüllen. Dies gilt nicht für kleine und mittlere Unternehmen, um diese nicht durch die hohen Ansprüche zu überlasten. Eben genannte Unternehmen müssen aber trotzdem nach § 43 Abs. 2 GmbHG der Pflicht „der Sorgfalt eines ordentlichen Geschäftsmanns" nachkommen und regelmäßig Liquiditätskontrollen durchführen.[12]

3.2. Frühwarnsysteme

Man unterscheidet zwischen dem operativen Frühwarnsystem, das sich auf die Grundlage des Jahresabschlusses bezieht und dem strategischen Frühwarnsystem, bei dem die Anzeichen von außen erkennbar sind. Anhand bestimmter Krisenindikatoren ist es dem Geschäftsführer möglich eine Existenzbedrohung frühzeitig zu bemerken und darauf reagieren zu können. Außerdem sollen Frühwarnsysteme der Informationsungleichheit zwischen Gläubiger und Schuldner entgegenwirken. [13]

3.2.1. Bilanzanalyse

Ein bewährtes Verfahren zur Darstellung des wirtschaftlichen Zustands eines Unternehmens ist die Bilanzanalyse. Hier werden durch Daten aus dem Jahresabschluss, also Bilanz, GuV und Anhang, bestimmte Kennzahlen berechnet, die Auskunft über die

---

[10] Steffan, in: Oppenländer/Trölitzsch, GmbH-Geschäftsführer-Handbuch, § 37 Rn. 34-37.
[11] d´Avoine/Michels, NZI 2022, 1 (2).
[12] Schluck-Amend, in: Römermann, Münchener-Anwaltshandbuch GmbH-Recht, § 23 Rn. 114-117.
[13] Schluck-Amend, in: Römermann, Münchener-Anwaltshandbuch GmbH-Recht, § 23 Rn. 16-17.

finanzielle Lage des Unternehmens geben.[14] Relevante Kennzahlen sind u.a. die Eigen-
kapitalquote, der Verschuldungsgrad oder die Liquidität 1. und 2. Grades.[15] Neben den
klassischen Verfahren der Bilanzanalyse, wie der DVFA/SG-Methode oder dem Du-
Pont-Kennzahlensystem, gibt es auch moderne Krisenindikator-Modelle zum Beispiel
das künstliche Neuronale Netzverfahren. In dieser Methode werden die Fortschritte der
künstlichen Intelligenz angewandt, indem mit einem mathematischen Algorithmus eine
Lernfähigkeit für das System konstruiert wird. Hiernach werden Daten aus mehreren
Jahren eingegeben, die Kennzahlen ermittelt, die Aussagekraft über die Lage des Unternehmens geben, und mit einer Gewichtung versehen. Auch wenn die Methode der tradi-
tionellen Bilanzanalyse durch die einfache Beschaffung der Informationen, vor allem
bei externen Geschäftspartnern, sehr beliebt ist, birgt es auch einige Nachteile in sich.[16]
So beziehen sich die Zahlen entweder auf die Vergangenheit oder auf einen bestimmten
Stichtag, wodurch eine Andeutung auf eine Krise schwer erkennbar ist. Außerdem können die Bewertungsspielräume durch das HGB, die Ergebnisse im Jahresabschluss
falsch darstellen. Somit hat man schnell ein anderes Bild von dem aktuellen Zustand des
Unternehmens. Zudem werden die Werte zur Qualität des Unternehmens wie Markstel-
lung oder Produkt-Know-how ganz außer Acht gelassen.[17]

3.2.2. Strategische Frühwarnsysteme

Das strategische Frühwarnsystem stellt im Gegensatz zum operativen Frühwarnsystem
eine Krisenerkennungsmethode für die Zukunft dar. Hiernach sollen sogenannte Krisensignale Veränderungen in- und externen Ursprungs erkennen, dies wird auch „Scan-
ning" genannt. Danach werden beim „Monitoring" diese Veränderungen laufend über-
wacht und geprüft, ob sie für das Unternehmen zukünftig Risiken darstellen und wie
diese sich vermeiden lassen.[18] Da in jedem Bereich des Unternehmens ein solches Sig-
nal auftreten kann, sollte klar bestimmt sein, wer und wie diese Aufgabe wahrgenom-
men wird. Je früher die Signale erkannt werden, desto eher können die Probleme inter-
pretiert und Lösungen dafür gefunden werden.[19] Krisensignale können zum Beispiel im
Bereich des Vertriebs auftreten und sich unter anderem durch Nachfragerückgang,

---

[14] Wilden, in: Buth/Hermann, Restrukturierung, Sanierung, Insolvenz, § 2 Rn. 18.
[15] D´Avoine/Michels, NZI 2022, 1, (4).
[16] Schluck-Amend, in: Römermann, Münchener Anwaltshandbuch GmbH-Recht, § 23 Rn. 18-20.
[17] Wilden, in: Buth/Hermann, Restrukturierung, Sanierung, Insolvenz, § 2 Rn. 21.
[18] d´Avoine/Michels, NZI 2022, 1, (4 f.).
[19] Rieser, in: Prinz/Winkeljohann, Beck´sches Handbuch der GmbH, § 17 Rn. 43.

Verlust von Kunden an Konkurrenten oder wachsenden Lagerbeständen äußern. Weitere Beispiele sind in den Bereichen Management eine fehlende Nachfolgeregelung oder im Bereich der Entwicklung keine neuen Ideen oder Innovationen.[20] Eine weitere Methode ist die Szenario-Analyse, diese schließt sowohl quantitative als auch qualitative Merkmale mit ein. Hier werden denkbare Entwicklungen (Best-/Worst-Case-Fälle) angenommen und deren Resultat bestimmt. So kann man sich auf die schlecht möglichste Situation einstellen und ist im eintretenden Fall darauf vorbereitet.[21]

IV. Pflichten des GmbH-Geschäftsführers in der Krise

Neben der Pflicht zum Erkennen der Krise, die durch die eben beschriebenen Frühwarnsysteme bewältigt werden kann, gibt es auch einige andere Pflichten, denen der Geschäftsführer mit Eintreten der Krise nachkommen muss.[22]

4.1. Kapitalerhaltungspflicht

Nach § 30 Abs. 1 S. 1 GmbHG ist es untersagt, das zur Erhaltung des Stammkapitals erforderliche Vermögen der Gesellschaft an die Gesellschafter auszubezahlen. Auch wenn nach dem Wortlaut nicht direkt der Geschäftsführer genannt ist, ist trotzdem davon auszugehen, dass die Regelung für den Geschäftsführer bestimmt ist. Dies ergibt sich insbesondere aus den § 43 Abs. 3 GmbHG, in dem die persönliche Haftung des Geschäftsführers bei Verletzung des § 30 GmbHG geregelt ist. Es wird nicht das Stammkapital selbst geschützt, sondern vielmehr das Gesellschaftsvermögen, dass zur Erhaltung des Stammkapitals dient. Somit ist eine Auszahlung an die Gesellschafter untersagt, wenn das Gesellschaftsvermögen das Stammkapital nicht mehr deckt und sich daraus eine Unterbilanz oder Überschuldung ergibt.[23] Bei einer Auszahlung nach § 30 Abs. 1 S. 1 handelt es sich nicht nur um Geldauszahlungen, sondern um jegliche Vermögensminderung, also beispielsweise auch um eine Kreditübernahme. Die Regelung greift nicht, wenn für die Auszahlung eine gleichwertige Gegenleistung oder ein Rückerstattungsanspruch durch den Gesellschafter vorliegt.[24] HIerzu ist aber das Deckungsgebot gründlich zu überprüfen, also ob es sich um eine vollwertige Gegenleistung handelt, die nach

---

[20] d´Avoine/Michels, NZI 2022, 1, (4 f.).
[21] Rieser, in: Prinz/Winkeljohann, Beck´sches Handbuch der GmbH, § 17 Rn. 45.
[22] Fleischer, GmbHG, § 43 Rn. 75-77.
[23] Heidinger, in: MHLS, GmbHG, § 30 Rn. 18-21.
[24] Servatius, in: Noack/Servatius/Haas, GmbHG, § 30 Rn. 33.

Marktwert und nicht nach bilanziellen Abschreibungsvorschriften beurteilt worden ist.[25] Weiterhin ist nach § 30 Abs. 1 S. 3 der S. 1 auch nicht anzuwenden, wenn es sich bei der Auszahlung um die Rückgewähr eines Gesellschafterdarlehens handelt. Dies ist aber mit Vorsicht zu behandeln, da eine solche Forderung im Insolvenzrecht nach § 39 Abs. 1 Nr. 5 InsO nachrangig behandelt wird, d.h. eine Rückzahlung aus Gesellschafterdarlehen kann nach § 135 InsO angefochten werden.[26]

4.2. Einberufungspflicht der Gesellschafterversammlung

Der § 49 Abs. 3 GmbHG verpflichtet die Geschäftsführer eine Versammlung einzuberufen, wenn in der Jahres- oder Zwischenbilanz ersichtlich ist, dass die Hälfte des Stammkapitals verloren ist. Die Hälfte des Stammkapitals ist dann verloren, wenn die Summe aus Jahresfehlbetrag, Verlustvortrag bzw. Gewinnvortrag, Gewinnrücklagen und Kapitalrücklagen die Hälfte des Stammkapitals unterschreiten. Der Geschäftsführer ist zur Einberufung der Versammlung schon dann verpflichtet, wenn er nur den Verdacht auf einen solchen Verlust hat.[27] Die Bewertung des Vermögens erfolgt bei einer voraussichtlichen Fortführung des Unternehmens nach Fortführungswerten, ansonsten nach Liquidationswerten. Die Auflösung von stillen Reserven erfolgt nicht und Gesellschafterdarlehen sind zu passivieren. Sowohl die Einberufung als auch der Termin zur Gesellschafterversammlung hat unverzüglich, also ohne schuldhaftes Zögern, zu erfolgen.[28] Wird der Einberufungspflicht nicht nachgegangen, muss der Geschäftsführer mit einer Strafanzeige nach § 84 Abs. 1 GmbHG rechnen. Zusätzlich dazu besteht nach § 49 Abs. 2 GmbHG die Pflicht für Geschäftsführer, die Gesellschafterversammlung einzuberufen, wenn es im Interesse der Gesellschaft erforderlich scheint. Der Begriff „im Interesse der Gesellschaft" entspricht dem Begriff des „Wohl der Gesellschaft" in § 111 Abs. 3 AktG. Da es sich hier um ein Tatbestandsmerkmal handelt, welches im Gesetz nicht genauer bestimmt ist, ist es an das pflichtgemäße Ermessen des Geschäftsführers gebunden. So ist das Interesse der Gesellschaft beeinträchtigt, wenn Handlungsbedarf bezüglich potenzieller Schadeneinwirkung für das Unternehmen besteht.[29]

---

[25] Servatius, in: Noack/Servatius/Haas, GmbHG, § 30 Rn. 37.
[26] Schmolke, in: BeckOK, GmbHG, § 30 Rn. 196.
[27] Steffan, in: Oppenländer/Trölitzsch, Praxishandbuch der GmbH-Geschäftsführung, § 37 Rn. 136-139.
[28] Noack, in: Noack/Servatius/Haas, GmbHG, § 49 Rn. 19-21.
[29] Schaal, in: Erbs/Kohlhaas, Strafrechtliche Nebengesetze, § 49 Rn. 1-5.

4.3. Sanierungspflicht

Weiterhin ist der Geschäftsführer vor und auch nach Eintreten der Insolvenz dazu verpflichtet, Sanierungsbemühungen durchzuführen. Die Pflicht besteht so lange, bis das Unternehmen seine Sanierungsfähigkeit verliert und es keine Aussichten mehr auf Erfolg gibt. Diese Pflicht lässt sich aus den § 1 Abs. 1 StaRUG und § 43 Abs. 1 GmbHG ableiten.[30] So muss der Geschäftsführer bei Erkennen der Krise sofortige Gegenmaßnahmen einleiten, eine Strategie zur Beseitigung der Krise erstellen und diese der Gesellschafterversammlung vorzeigen.[31] Dazu muss erstmals geprüft werden, ob ein Unternehmen überhaupt sanierungsfähig ist, d.h. ob das Unternehmen in Zukunft, also nach Abwicklung der Sanierungsmaßnahmen, auf Dauer wieder einen Gewinn erzielen kann. Hierfür kann die Fortbestehungsprognose (going-conern) zugrunde gelegt werden, in der das geplante Unternehmenskonzept mit der Vorgehensweise zur Rettung und den zugehörigen Zielen festzuhalten ist. Die Prüfung der Fortführungsfähigkeit des Unternehmens sollte vor allem durch Objektivität erfolgen, also bestenfalls durch außenstehende qualifizierte Dritte.[32] Nach Feststellung der Sanierungsfähigkeit sind Sanierungsmaßnahmen zu erfolgen. Hierzu gibt es zwei Optionen, zum einen das Insolvenzplanverfahren oder die Sanierung, die außerhalb der Insolvenz stattfindet. Die außerinsolvenzliche Sanierung kann in eine freie Sanierung oder eine Sanierung nach dem Unternehmensstabilisierungs- und restrukturierungsgesetz untergliedert werden. Die freie Sanierung erfolgt nicht durch ein gerichtliches Verfahren und ist deshalb nur so lange möglich, bis ein Insolvenzgrund vorliegt. Vor allem für kleine und mittlere Unternehmen ist diese Sanierungsoption von Vorteil, da sie sich hohe Kosten für das Verfahren sparen und selbst bestimmen können, in welchem Umfang die Sanierung stattfinden soll. Es wird dabei unterschieden zwischen internen und externen Sanierungsmitteln. Wobei interne Sanierungsmittel durch das eigene Unternehmen beschafft werden und zum Beispiel in Kapitalerhöhungen bestehen. Externe Sanierungsmittel werden wiederrum von Dritten also von Banken oder Gläubigern bereitgestellt. Ein klassisches Sanierungsmittel ist der Sanierungsvergleich, bei dem die Gläubiger einen Sanierungsbeitrag leisten, in dem Sie dem Schuldner Teilbeträge erlassen. Um so einen Erfolg erzielen zu können, müssen die Gläubiger aber auch bereit sein ihren Beitrag zu leisten. Eine

---

[30] Schluck-Amend, in: Römermann, Münchener-Anwaltshandbuch GmbH-Recht, § 23 Rn. 99-100.
[31] Leinekugel, in: Oppenländer/Trölitzsch, Praxishandbuch der GmbH-Geschäftsführung, § 18 Rn. 92.
[32] Rieser, in: Prinz/Winkeljohann, Beck'sches Handbuch der GmbH, § 17 Rn. 50-53.

Alternative dazu ist das Restrukturierungsverfahren nach dem StaRUG. Bei dem Restrukturierungsplan können die Gläubiger zur Leistung von Sanierungsmitteln verpflichtet werden. Hierzu werden ausgewählte Gläubiger nach § 8 StaRUG, auch Planbetroffene genannt, herangezogen. Auch hier muss beachtet werden, dass das Verfahren nur so lange in Betracht kommt, bis ein Insolvenzantragsgrund vorliegt.[33]

4.4. Insolvenzantragspflicht

Wird eine GmbH zahlungsunfähig oder überschuldet, so hat der Geschäftsführer nach § 15a Abs. 1 InsO ohne schuldhaftes Zögern einen Eröffnungsantrag zu stellen. Die Frist zur Stellung des ins Insolvenzantrags beträgt bei einer Zahlungsunfähigkeit 3 Wochen und bei einer Überschuldung 6 Wochen nach Eintritt. Hierbei handelt es sich um eine Höchstfrist, d.h. sie kann weder verlängert noch gehemmt werden. So muss der Antrag unmittelbar gestellt werden, wenn feststeht, dass das Unternehmen nicht mehr gerettet werden kann und eventuelle Sanierungsbemühungen keine Erfolgsaussichten haben. Die Frist beginnt mit Eintreten der materiellen Insolvenz, gleichgültig ob der Geschäftsführer Kenntnis davon hat oder nicht. Ziel dieser Pflicht ist es, die Insolvenzmasse ohne weitere Kürzungen zu erhalten, um die Gläubiger gleichermaßen befriedigen zu können.[34] Zur Pflichterfüllung muss die Antragsstellung zulässig sein und den Vorgaben des § 13 Abs. 1 InsO entsprechen. Demnach muss der Schuldner ein Verzeichnis der Gläubiger und Ihrer Forderungen beifügen und im Falle der Weiterführung des Geschäftsbetriebs weitere Angaben, beispielsweise zur Bilanzsumme oder zur durchschnittlichen Arbeitnehmeranzahl, tätigen.[35] Die Pflicht zur Erstellung des Antrags beinhaltet ebenso die Pflicht zum Erkennen eines Insolvenzgrundes. So muss das Unternehmen entweder nach § 17 InsO zahlungsunfähig sein, also nicht mehr in der Lage, seine Zahlungsverpflichten zu erfüllen. Oder nach § 19 InsO überschuldet sein, d.h. das Vermögen deckt die bestehenden Verbindlichkeiten nicht mehr. Die drohende Zahlungsunfähigkeit nach § 18 InsO ist noch kein Grund zur Verpflichtung des Insolvenzantrags. Vielmehr entscheidet das objektive Vorliegen eines Insolvenzgrundes.[36] Die Pflicht gilt so lange, bis das Insolvenzverfahren eröffnet, der Antrag mangels Masse abgelehnt oder der Insolvenzgrund beseitigt wird. Letzteres trifft nur zu, wenn der Insolvenzgrund

---

[33] Schluck-Amend, in: Römermann, Münchener-Anwaltshandbuch GmbH-Recht, § 23 Rn. 37-44.
[34] Wolfer, in: BeckOK, InsO, § 15a Rn. 20-23.
[35] Haas/Kolmann/Kurz, in: Gottwald/Haas, Insolvenzrechtshandbuch, § 90 Rn. 88-90.
[36] Klöhn, in: MüKo, InsO, §15a Rn. 116.

nachweisbar nicht mehr vorhanden ist und dies nicht nur kurzfristig so scheint. Die Pflicht für den Geschäftsführer besteht auch dann noch, wenn ein Gläubiger einen Antrag auf Eröffnung stellt.[37] Wird der Antrag nicht pflichtgemäß gestellt, also nicht, nicht rechtzeitig oder nicht richtig, so muss der Geschäftsführer nach § 15a Abs. 4 InsO mit einer Freiheitsstrafe bis zu 3 Jahren oder einer Geldstrafe rechnen.

V. Haftungsrisiken des Geschäftsführers

So ergeben sich in der Krise enorme Haftungsrisiken für den Geschäftsführer der GmbH, vor allem bei Nichteinhaltung der eben aufgeführten Pflichten. Nach § 43 Abs. 2 GmbHG haftet der Geschäftsführer der Gesellschaft solidarisch für den entstandenen Schaden, wenn er seine Obliegenheiten verletzt. Mit dieser Regelung sollen sowohl Gesellschafter als auch Gläubiger, vor fahrlässigen Verhalten eines Geschäftsführers geschützt werden. Sollte dieser seinen Pflichten nicht ordnungsgemäß nachkommen, ist er zum Schadensersatz verpflichtet.[38] Auch die Verletzung der Sorgfaltspflicht eines ordentlichen Geschäftsmannes nach § 43 Abs. 1 GmbHG kann zu einer persönlichen Haftung führen.

5.1. Persönliche Haftung bei Fehlverhalten und Pflichtverletzung

So haftet der Geschäftsführer in der Krise insbesondere bei einem Verstoß gegen die Insolvenzantragspflicht nach § 15a InsO und bei Zahlungen bei Zahlungsunfähigkeit oder Überschuldung nach § 15b InsO. Auch bei Verletzung der Vermögensschutzpflicht nach § 43 Abs. 3 i. V. m. § 30 Abs. 1 GmbHG wird der Geschäftsführer zur Haftung herangezogen.[39] Gegenüber Gläubigern haftet der Geschäftsführer bei verspäteter Insolvenzantragsstellung nach § 823 Abs. 2 BGB i. V. m. § 15a Abs. 1 InsO. Hiernach werden Altgläubiger, Neugläubiger und Sicherungsgeber vor vorsätzlichem oder fahrlässigem Verstoß geschützt.[40] Die Tatbestandsmerkmale für einen Schadensersatzanspruch sind die objektiv-materielle Insolvenz, also Zahlungsunfähigkeit oder Überschuldung, die schuldhafte Verkennung des Insolvenztatbestands bzw. die schuldhafte Übertretung des Verschleppungsverbots, der Schadenseintritt und die Vermeidbarkeit des Schadens durch pflichtgemäßes Handeln. Dass eine Insolvenzverschleppung vorliegt, muss der

[37] Klöhn, in: MüKo, InsO, §15a Rn. 135-137.
[38] Ziemons, in: MHLS, GmbHG, § 43 Rn. 3-6.
[39] Schluck-Amend, in: Römermann, Münchener Anwaltshandbuch GmbH-Recht, § 23 Rn. 104.
[40] K. Schmidt, in: K. Schmidt/Uhlenbruck, GmbH in Krise, Sanierung und Insolvenz, § 38 Rn. 38.8.

Antragssteller beweisen. Der Geschäftsführer wiederrum muss sich bei dem Vorwurf des Verschuldens selbst entlasten.[41] Zudem haftet der Geschäftsführer nach § 15b Abs. 1 InsO für Zahlungen nach Eintritt der Insolvenzreife und muss diese nach § 15 Abs. 4 InsO erstatten. Eine Ausnahme hiervon sind Zahlungen, die mit der Sorgfalt eines ordentlichen und gewissenhaften Geschäftsleiters vereinbar sind. Hiermit sind insbesondere Zahlungen zur Aufrechterhaltung des gewöhnlichen Geschäftsbetriebs gemeint. Dies gilt aber nur solange der Insolvenzantrag noch nicht gestellt ist. Nach Antragsstellung fallen darunter alle Zahlungen, die der Insolvenzverwalter genehmigt hat. Wird der Insolvenzantrag nicht rechtzeitig gestellt, so kann nach § 15b Abs. 3 InsO keine Zahlung vorliegen, die mit der Sorgfalt eines ordentlichen und gewissenhaften Geschäftsleiters vereinbar ist.[42] Außerdem haftet der Geschäftsleiter nach § 15b Abs. 5 InsO für Zahlungen an beteiligte Personen der GmbH, die die Insolvenz ausgelöst haben, außer dies war auch mit der oben genannten Sorgfalt nicht erkennbar.

5.2. Strafrechtliche Konsequenzen

Werden die oben genannten Pflichten verletzt, muss der Geschäftsführer mit strafrechtlichen Konsequenzen wie Freiheits- oder Geldstrafe nach § 84 GmbHG und § 15a InsO rechnen. Außerdem ist eine Strafbarkeit wegen Untreue nach § 266 StGB möglich. So heißt es in § 266 StGB, wer durch rechtsgeschäftliches Handeln, ein fremdes Vermögen missbraucht, wird mit einer Freiheitsstrafe bis zu fünf Jahren oder Geldstrafe bestraft. Hiernach können Rechtsgeschäfte in einer Verpflichtung oder einer Verfügung der GmbH bestehen. Da die GmbH als juristische Person selbständig ist, ist das Gesellschaftsvermögen für den Geschäftsführer stets fremdes Vermögen. Missbräuchliches handeln liegt dann vor, wenn der Geschäftsführer durch seine uneingeschränkte Vertretungsmacht im Außenverhältnis im Nachteil der GmbH handelt und dabei gegen seine Pflichten verstößt oder offensichtlich sein Ermessen überschreitet z.B. bei Verwendung von Gesellschaftsvermögen für eigennützige Zwecke.[43] Aufgrund der Verordnung über die Mitteilung in Zivilsachen, werden die Unterlagen von den Insolvenzgerichten automatisch an die Staatsanwaltschaft zur Überprüfung von Straftaten weitergeleitet.[44]

---

[41] K. Schmidt, in: K. Schmidt/Uhlenbruck, GmbH in Krise, Sanierung und Insolvenz, § 38 Rn. 38.11.
[42] Schluck-Amend, in: K. Schmidt/Uhlenbruck, GmbH in Krise, Sanierung und Insolvenz, § 38 Rn. 38.54 – 38.56.
[43] Altmeppen, GmbHG, § 43 Rn. 155-157.
[44] Bauer, Die GmbH in der Krise, § 7 Rn. 906.

VI. Fazit

Abschließend kann man sagen, dass es unzählige Pflichten für Geschäftsführer in und vor einer Krise gibt, die bei Verstoß sowohl zivilrechtliche als auch strafrechtliche Folgen haben können. Um den Schaden in solchen Fällen so gering wie möglich zu halten, gibt es einige Vorkehrungen die Geschäftsführer treffen sollten. Natürlich sollten sie alle grundlegenden Pflichten und Haftungsrisiken kennen und eine gute Eigenorganisation und Strukturierung aufweisen können. Sie sollten delegierbare Aufgaben an vertrauenswürdige Personen abtreten, um ihr eigenes Aufgabenpensum zu minimieren und sich besser auf die Geschäftsführungsaufgaben konzentrieren zu können. Auch eine umfassende Dokumentation ist von Bedeutung, da im Falle eines Organhaftungsprozesses die ordnungsgemäße Vorgehensweise des Geschäftsführers bewiesen werden kann. Des Weiteren sollten sie einen qualifizierten Berater an ihrer Seite haben, auf den sie insbesondere bei Rechtsfragen und den damit verbundenen Unsicherheiten zurückgreifen können. Zudem kann eine Einbindung der Gesellschafter das Haftungsrisiko minimieren. So sollte vor allem bei unternehmerischen Entscheidungen die Zustimmung der Gesellschafter eingefordert werden, um eine Enthaftung zu erreichen. Nicht zuletzt sollten in der Satzung oder im Anstellungsvertrag Haftungsbeschränkungen vereinbart werden. Diese umfassen meist eine Beschränkung der Haftung auf Vorsatz und grobe Fahrlässigkeit. Trotz alledem sollte unbedingt eine D&O-Versicherung mit angemessener Deckungssumme abgeschlossen werden, die im Falle einer Inanspruchnahme des Organmitglieds eingeschaltet wird. Da eine Entschärfung der Organhaftung durch die Rechtsprechung nicht zu erwarten ist, sollten sich die Geschäftsführer zweifelsfrei mit dem Thema intensiv auseinandersetzen und die damit verbundenen Risiken nicht unterschätzen.[45]

---

[45] Freund, NZG 2021, 579, (581 ff.).

Literaturverzeichnis

Altmeppen, Holger, GmbH-Gesetz, 11. Aufl., München 2023 (zitiert: Altmeppen, GmbHG, § Rn.)

Bauer, Joachim (Hrsg.), Die GmbH in der Krise, 7. Aufl., München 2022 (zitiert: Bauer, Die GmbH in der Krise, § Rn.)

Buth, Andrea/Hermann, Michael (Hrsg.), Restrukturierung, Sanierung, Insolvenz, 5.Aufl., München 2022 (zitiert: Bearbeiter, in: Buth/Hermann, Restrukturierung, Sanierung, Insolvenz, § Rn.)

D´Avoine, Marc/Michels, Paul, Krisenfrüherkennung – Die neue (alte) Pflicht für Geschäftsführer, NZI 2022, 1

Erbs, Georg/Kohlhaas, Max (Hrsg.), Strafrechtliche Nebengesetze, 249. EL, München 2023 (zitiert: Bearbeiter, in: Erbs/Kohlhaas, Strafrechtliche Nebengesetze, § Rn.)

Fleischer, Münchener Kommentar zum GmbHG, 4. Auflage, München 2023

Freund, Stefan, Risikomanagement für Geschäftsführer und Vorstände, NZG 2021, 579

Fridgen, Alexander/Geitwitz, Arndt/Göpfert, Burkard (Hrsg.), Beck'scher Online Kommentar zur Insolvenzordnung, 33. Edition, München 2023 (zitiert: Bearbeiter, in: BeckOk, InsO, § Rn.)

Haas, Ulrich, Gesellschaftsrecht: Vorliegen einer Krise im Sinne des Eigenkapitalersatzrechts, DStR 2000, 1529

Michalski, Lutz/Heidinger, Andreas/Leible, Stefan/Schmidt Jessica (Hrsg.), GmbH-Gesetz, 4. Aufl., München 2023 (zitiert: Bearbeiter, in: MHLS, GmbHG, § Rn.)

Noack, Ulrich/Servatius, Wolfgang/Haas, Ulrich (Hrsg.), GmbH-Gesetz, 23. Aufl., München 2022 (zitiert: Bearbeiter, in: Noack/Servatius/Haas, GmbHG, § Rn.)

o.V., Schlecker-Kinder müssen ins Gefängnis, in: F.A.Z., Frankfurt 2019, Nr. 97, S. 22

Oppenländer, Frank/Trölitzsch, Thomas (Hrsg.), Praxishandbuch der GmbH-Geschäftsführung, 3. Aufl., München 2020 (zitiert: Bearbeiter, in: Oppenländer/Trölitzsch, GmbH-Geschäftsführer-Handbuch, § Rn.)

Prinz, Ulrich/Winkeljohann, Norbert (Hrsg.), Beck´sches Handbuch der GmbH, 6. Aufl., München 2021 (zitiert: Bearbeiter, in: Prinz/Winkeljohann, Beck´sches Handbuch der GmbH, § Rn.)

Römermann, Volker (Hrsg.), Münchener Anwaltshandbuch GmbH-Recht, 5. Aufl., München 2023 (zitiert: Bearbeiter, in: Römermann, Münchener Anwaltshandbuch GmbH-Recht, § Rn.)

Schmidt, Karsten/Uhlenbruck, Wilhelm (Hrsg.), Die GmbH in Krise, Sanierung und Insolvenz, 6. Aufl., Köln 2023 (zitiert: Bearbeiter, in: K. Schmidt/Uhlenbruck, Die GmbH in Krise, Sanierung und Insolvenz, § Rn.)

Stürner, Rolf/Eidenmüller, Horst/Schoppmeyer, Heinrich (Hrsg.), Münchener Kommentar zur Insolvenzordnung, 4. Aufl., München 2019 (zitiert: Bearbeiter, in: MüKo, InsO, § Rn.)

Internetquellen

Statistisches Bundesamt (Destatis) (Insolvenzen, 2023), Insolvenzen nach Monaten, https://www.destatis.de/DE/Themen/Branchen-Unternehmen/Unternehmen/Gewerbemeldungen-Insolvenzen/Tabellen/Insolvenzen.html#241898 [Zugriff 2024-1-03]

WirtschaftsWoche (Firmenpleiten, 2023), Das sind die größten Firmenpleiten in Deutschland, https://www.wiwo.de/unternehmen/dienstleister/ranking-das-sind-die-groessten-firmenpleiten-in-deutschland/29185798.html (2023-06-29) [Zugriff 2023-01-24]